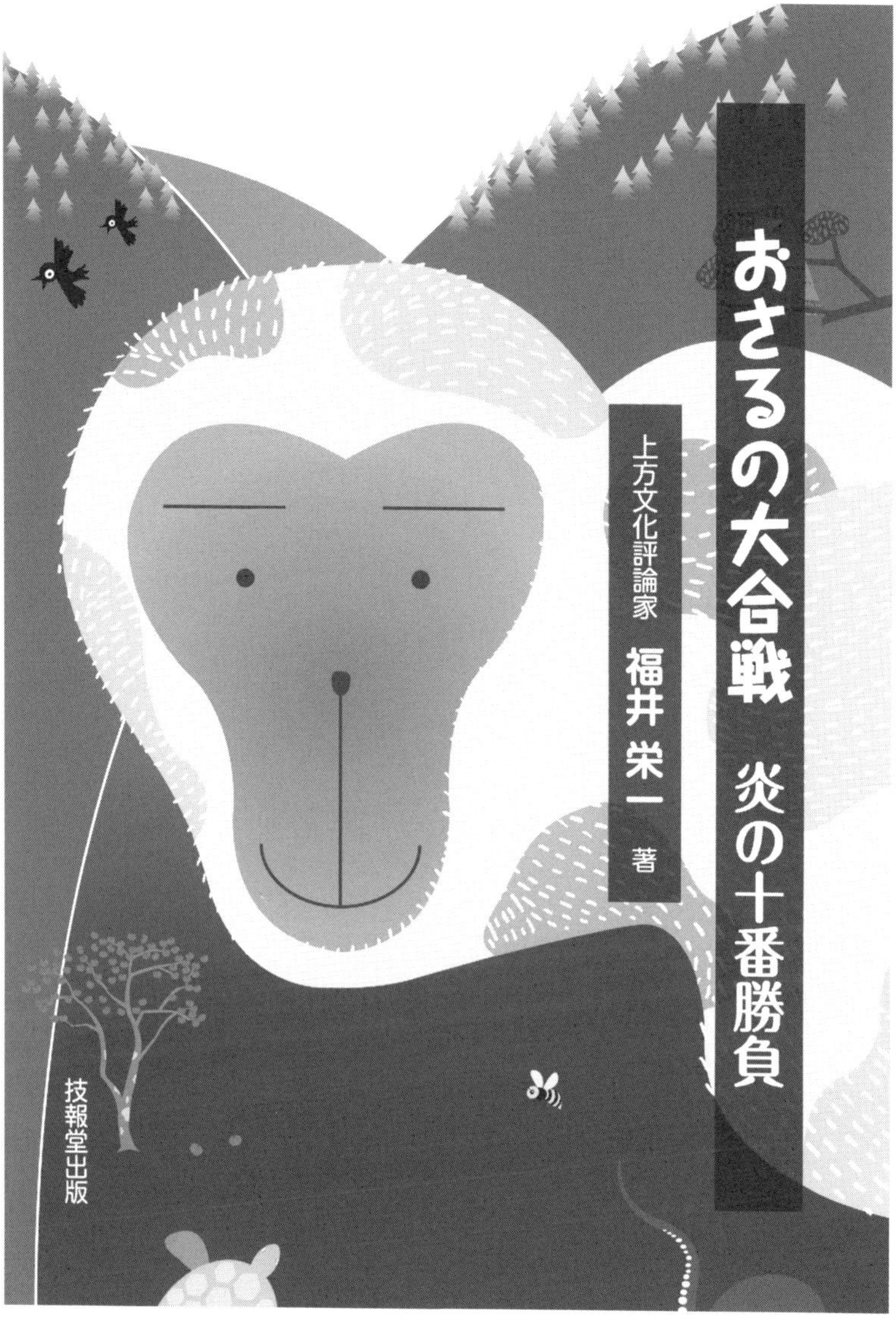
おさるの大合戦　炎の十番勝負
上方文化評論家
福井 栄一 著
技報堂出版

前口上

さぁて、お立ちあい！

本日ここにお目にかけますするは、おさるの大合戦、

炎の十番勝負。

地上戦に水中戦、個人戦に集団戦、頭脳戦に肉弾戦、

グルグル回るは環状線（坂東ならば山手線）。

目も回り眩《くら》まんばかりの熱戦の火ぶたが、
いま、まさに、切って落とされようとしております。
おさるの戦績のほどは、頁を繰られてのお楽しみ。
まずは、名高き「猿蟹合戦《さるかにがっせん》」の
顛末《てんまつ》から、
お話し申しあげるといたしましょう。

目次

第1戦●猿VS蟹《かに》：「この恨み、晴らさでおくべきか」

むかしむかし、あるところに、猿と蟹がおりました。

ある日のこと。

二匹は連れだって、川のほとりまで遊びにきました。

そのうち、猿は柿の種を、蟹はおむすびを見つけました。

蟹は、

「どうだね！ こんなうまそうなおむすびを見つけたぞ」

と、いかにも得意げ。

猿も負けじと、

「おれだって、こいつを見つけたぜ」

と、柿の種を蟹に見せつけました。

とはいえ、あきらかに猿のほうが分《ぶ》が悪い。

それはそうでしょう。

たしかに、柿の実は猿の大好物ですが、種《たね》だけでは、どうしようもありません。

一方、蟹の拾ったおむすびは、だれが見たって、うまそうな代物《しろもの》です。

猿は、蟹からおむすびをせしめてやろうと一計を案じ、こう切りだしました。

「おいおい、蟹さんよ。おれの柿の種と、あんたのおむすびと、交換する気はないか？」

蟹は笑いながら、答えました。

「馬鹿なことを言っちゃいけないよ。そんな貧相な柿の種とこんなに大きなおむすびを取りかえるような奴が、この世にいるもんかね。」

猿は首を振りながら、ことさらにまじめな顔をして、言いました。
「いやいや、そりゃぁ、あんたの考えちがいというもんだ。
なぜだか、教えてやろう。
いいかね、たしかにおまえさんのおむすびは、
大きくて、うまそうだ。
だけど、いくらうまいといったって、
食べてしまえば、それっきり。
あとからの楽しみ、ってものがない。
それにひきかえ、柿の種ときたら、どうだい。
たしかに、見栄《みば》えはしないし、ここでためしに
かじってみたところで、うまくもなんともないさ。
だけどなぁ、ここが考えどころだ。
なにせ、こいつを地面に植えて、大きな樹になるまで

たいせつに育てりゃぁ、甘い甘い実がたんと生《な》るって寸法だ。
そうなったら、毎日、柿の食べ放題！
なっ？　すてきだろ？
いまさら面とむかってことばにするのも気恥ずかしいが、あんたは、
おれの友だちだ。
だから、あんたには、将来、うまい柿の実を腹いっぱい食ってもらいたい。
そう思ったから、この種を譲ろうとしたんだ。
だけど、あんたが嫌だっていうなら、無理強《じ》いはしないよ。
種はおれが持って帰って庭に植え、だいじに育てるまでのことさ。
ただし、言っておくが、この先、おれの柿の樹に
実が鈴生《すずな》りになったって、おまえさんには、
ただのひとつだって喰わせてやらないからな。」
こう言われますと、なにぶん、根がすなおな蟹のこと。

「そ、そうだったのか・・・。あんたがおれのことを
そんなに親身に思ってくれているとは、ちっとも知らなかったよ。
申しわけない。それに、考えてみたら、
あんたの言うとおり、
いまはちょっとばかりがまんしておいて、
後日、柿の実をどっさり頂くというほうが、得だわな」
と納得して、おむすびを猿へ差し出しました。
猿は、
「しめた！ こいつの気が変わらぬうちに・・・」
とばかりに、渡されたおむすびを、その場でみるまに平らげてしまいました。
そして、いかにも惜しそうに、柿の種を蟹へ引き渡しました。
その後、二匹は、別れてめいめいの住処《すみか》へ帰っていきました。

蟹は住処へ帰るやいなや、猿が言っていたとおりに、種を庭へ蒔《ま》きました。

しばらくすると芽が出て、二葉《ふたば》、四葉《よつば》と育ち、ぐんぐん背丈が高くなっていきました。最初はかよわい草のようであったのに、いつしか樹木らしく、たくましく生長していく姿に蟹は心動かされ、けんめいに世話をしました。

さて、俗に「桃栗三年、柿八年」と言いますが、その言葉に違わず、蒔いてから八年も経ちますと、柿はりっぱな大樹となり、秋にはうまそうに赤く熟した実がたわわに実りました。蟹にとりましては、待ちに待った収穫の時。喜び勇んで柿の木の下まで行き、一刻もはやくあのうまそうな柿を頬張《ほおば》りたいものだと、自慢の鋏《はさみ》を伸ばしますが、背が低いので、ちっとも届きません。

「ええい、なんとじれったい。よしっ、それならば・・・」と、今度は幹によじ登ろうとしましたが、なにせ蟹の身。生まれつき横歩きしかできないので、うまく登れるはずがありません。

蟹は、深いため息をつき、鋏を組んでしばし思案顔。

とそのとき、蟹の頭にすばらしい考えが浮かびました。

「そうだっ！　八年前、柿の種をおれに譲ってくれた、あの猿に頼もう。あいつなら木登りはお手のものだし、友だち思いだから、お願いしたら嫌とは言うまい。」

蟹は、いそいそと猿の住処を訪ねました。

「おい、いるかい？」

「おお、だれかと思ったら、あんたか。えらく久しぶりだな。どうしたんだ？　わざわざウチまでやって来るとは？」

「じつは、頼みがあるんだ。」

「ほぉ、なんだ？」

「ずいぶん前に、柿の種を譲ってもらったことがあったろ？

あれをウチの庭に蒔いて、この八年の間、だいじに育ててきたんだ。その甲斐があって、いまや大樹さ。」

「で、実は成ったのかい？」

「成ったとも、成ったとも！　たわわに実って、枝が折れちまいそうなくらいさ。

ところが、困ったことが持ちあがったんだ。

せっかくたくさんの実が成ったというのに、おれはただのひとつも喰うことができないんだ。

というのも、ご覧のとおり、背が低いから、鋏をどんなに伸ばしたって、枝までは届かない。

それで幹に登って取ろうとしたんだが、おれは横歩きこそ得意だが、木登りは、からっきし駄目ときている。

そこで、ものは相談だ。

お手間だが、ウチの庭まできて柿の木に登り、実を取るのを手伝ってもらえないか。もちろん、タダでとは言わない。ぶじに収穫できたら、お礼に柿の実をいくつか持って帰ってもらおうと思っている。どうだ？　やってくれるか？」

「なぁんだ、そんなことか。お安いご用だ。おれにとっちゃ、木登りなんか朝飯前。まして、ほかならぬあんたの頼みだもの、お礼なんぞという水臭いこと抜きで、手伝わせてもらうよ。

じゃぁ、善は急げだ、さっそく、いまからあんたの庭まで行って、ひと仕事しようじゃないか。」

蟹は猿の度量の大きさに感激しながら、くだんの柿の樹のところまで案内しました。

鈴成りの大樹を見あげた猿はびっくり。

「へえ〜、こりゃぁ、たいしたもんだ。

あんたが得意がるのも無理ないな。」

「さあさあ、感心するのはそのくらいにして、
はやく登って実を取ってきてくれまいか。」

「おっと、そうだった。柿に見とれて、
肝心なことを忘れるところだった」

猿は、はっと我に返って、するすると幹を登って行きましたが、途中で目についた実をひとつもぎ取ると、がまんしきれずに、ムシャムシャ。

「こりゃぁ、うまい！」

下から見ていた蟹は、気を揉みながら、

「おいおい、おまえさんが先に喰ってどうする。

はやく取り集めて、ここまで持ってきてくれよ。」

「こまかいことを気にしなさんな。柿は他にもたんとある。

いまのは、あんたに食べてもらう前に、
おれが毒見をしたまでさ。」

猿はそう言いながら、またもや実をひとつもぎ取ると、ガブリとひと咬《か》みし、

「ああ、うまい、うまい」

とご機嫌です。

「おいおい、またおまえさんだけかね。ずるいぞ。こっちにも、
うまそうなのを取って、投げてくれ！」

こう言われた猿は、仕方なく実をひとつもぎって、下にいる蟹へ投げました。

蟹が急いで拾ってかぶりついてみますと、これが顔をしかめるほどの渋柿《しぶがき》です。

「こんな渋いのは、とても喰えたもんじゃない。他のをくれよ。」

「じゃあ、これはどうだ」

と、猿が放り投げたのをかじってみましたが、これまたちっとも甘くない・・・。

こんな調子で、促されるままにいくつか柿の実を投げおろした猿でしたが、蟹は、

「マズい」

「もっとうまそうなのが、いくらでもあるだろう？」

「はやく他のをよこせ！」

などと、文句ばかり。

苛立《いらだ》った猿は、わざと、まだ青くて石のように堅い実をもぎ、

「おまえさんには、こいつがお似合いだ」

と言いざま、力まかせに蟹へ投げつけました。

これが蟹の脳天へ命中したものだから、堪《たま》らない。

蟹は、

「あっ、痛い！」

と声をあげて、地面へ倒れ伏しました。

そこへたたみかけるように、上からもう一発。

「お、おい、なんのつもりだ」

と蟹がうめきますと、樹上の猿がせせら笑って言うには、

「フフフ、なんのつもりもへったくれもないさ。ここの柿の実は、全部おれさまがいただくぜ。おまえさんのおかげで、柿の木をここまで育てる手間が省けたってわけだ。だまされたおまえさんが悪いんだ。さっさとくたばっちまえ。」

こう言い終わるがはやいか、猿は、堅い実を雨あられのように蟹へ投げつけました。蟹は、甲羅を打ちくだかれて、あえなく落命。

猿は息絶えた蟹を見てフンと鼻を鳴らし、樹上の熟した柿を残らずもぎ取ると、悠然とその場を立ち去りました。

◆
◆
◆

そうとは知らぬ、子蟹《こがに》一匹。

浜から帰ってみますと、庭先には、無残にも甲羅を打ち砕かれた父蟹の遺骸。子蟹は、冷たくなった父の体に取りすがり、半狂乱で嘆きさけぶより、どうしようもありませんでした。

しばらく経って、子蟹は気丈にも、

「嘆き悲しむばかりでは、かえって親のためにならぬ」

と思いなおし、あふれる涙を必死に押しとどめて気を落ち着かせ、周囲のようすを調べてみました。

柿の大樹を見あげてみますと、つい昨日まで枝に鈴成りであった甘柿《あまがき》はひとつ見あたらず、残っているのは青柿ばかり。また、父蟹の遺骸のまわりにも、青柿が散乱。甲羅の具合からして、凶器はおそらくこれであろうと推測がつきました。

犯人は、大樹へたくみに登りあがり、枝から枝を自在に伝い渡って、甘柿のみを器用にもぎ取ったのでしょう。そいつこそが、父の仇《かたき》。いったい、何者が…。

必死に考えをめぐらせる子蟹でしたが、やがてはたと膝を打ちました。
「ウム、これはきっと、あの猿のしわざに違いない。
親父は、『むかし、ある川のほとりで、おれの拾ったおむすびと
あいつの拾った柿の種を交換したことがあってなあ。
ウチの庭の柿の木は、そのときの種が芽吹いたものなんだよ』と
よく話してくれたっけ。
その猿めが、実りの時期を狙いすましてこの樹に登り、
上から青柿をぶつけて親父を殺したうえ、甘柿ばかりを
盗んで行ったのだろう。
柿の実が欲しいなら欲しいと、ふつうに頼みさえすれば、
ウチの親父のことだ。五つでも十でも、
気前よく持たせてやったものを・・・。
なのに、むごたらしく殺したうえに、

柿までごっそり盗んでいくとは、なんという卑劣漢だ。許さん！」

蟹は怒りとくやしさのあまり、飛び出した目から涙を流し、鋏をギシギシ鳴らして、嗚咽《おえつ》しました。

もちろん、「親の仇を討つのは子の務め」ということは、子蟹も心得ていました。しかし、相手は、頭がよくて力も強く、動きも機敏な猿です。小さな蟹が細くて弱い鋏を振りかざして向かっていったところで、敵《かな》いそうにありません。親の仇が知れていながら、それを討てない己《おのれ》の非力さ、ふがいなさに、子蟹はまたも歯ぎしりしりしました。

とそのとき、ふっと胸に浮かんだことがありました。

それは、日ごろから親蟹が親しくしていた石臼《いしうす》さんのことでした。むかし、父蟹が石垣に棲んでいたころ、窪みを隠れ家として使わせてくれたのが縁で、二人は仲よしになったのだとか。いまは人間に見出され、石臼として重宝がられ、だいじにされているらしいのです。

「あの義理がたい石臼さんに理由《わけ》を話せば、
きっと、父の仇討ちを手伝ってくれるだろう。」
こう考えた子蟹は、石臼の許《もと》へ急ぎました。

◆◆◆

子蟹から、事情を聞いた石臼は、巨体をミシミシ揺すりながら憤《いきどお》りました。
「あなたの親父さんには、むかしから、なにかと世話になってきた。
あんないい人の命を奪うとは・・・。
非道な猿め、思い知らせてやる！
子蟹さん、安心なさい。私が仇をとってあげましょう。
ただ、相手はズル賢く、逃げ足のはやい猿のこと。
万が一にも討ちもらすことのないよう、

ほかにも仲間を集めましょう。」

石臼はこう言うと、使いを遣《や》り、友人を呼びだしました。

しばらくして駆けつけてきたのは、鉄砲術に長《た》けた焼栗《やきぐり》と鑓《やり》の名手の大蜂《おおばち》でした。

石臼は、事の次第を話して聞かせ、二人に助太刀《すけだち》を頼みました。

すると、焼栗いわく、

「うかがったところによれば、そもそも、この人の親御《おやご》さまと猿とのいさかいの原因は、柿の実。

そして、柿というのは、おなじ果物仲間《くだものなかま》として、
われら栗族《くりぞく》ともゆかりが深いのです。

それゆえ、ご迷惑をおかけした蟹さまへのおわびかたがた、
助太刀させていただくのは、理の当然。

わたしでよろしければ、なんなりとお申しつけください。」

つぎに大蜂が口を開いて、

「じつは、蜂族にとっても、あの猿めは年来の仇なのです。と申しますのも、あいつは巣荒らしの常習犯なのです。われわれが苦労してあちこちの樹上に作った巣を、何度、あいつに壊されたことか。このたびのお申し出こそ、渡りに船。年来の恨みを晴らしてやります。」

二人の頼もしい返答を聞いて、石臼と子蟹は大喜び。

石臼は、さっそくに二人と頭を寄せて、猿退治の軍議に及びました。

そして、話がまとまると、焼栗と大蜂は大望を胸に、いったん、帰宅。

残った石臼は、子蟹に連れられてその住処へ行き、親蟹の遺骸を懇《ねんご》ろに弔ってやりました。

◆ ◆ ◆

一方、猿のほうは・・・。

蟹の家から甘柿をたんまりとせしめてきたまではよかったのですが、喜んでむしゃぶりついたのは、せいぜい最初の二、三日。いくらおいしいといっても、朝・昼・夜の柿尽くしでは、だれだって飽きがきます。

それに、持ち帰ってきたのは完熟の柿ばかりでしたから、ほどなく一個、また一個と腐り始める始末。

猿は、憂鬱でした。

それは、住処にたちこめる柿の腐臭のせいというよりも、罪悪感のせいでした。柿をとるためとはいえ、例の蟹を死においやったことが、さすがに後ろめたかったのです。

また、ほかにも、気がかりなことがもうひとつ。

親蟹を殺された家族や眷属《けんぞく》が、今後どう出るか、です。

「一家の主《あるじ》があれだけ無残に殺されたのだから、

遺された者たちは、犯人さがしに躍起になるだろう。

そして、手を下したのがおれだとわかったら、
仇を討ちにくるかもしれない。」

小さな無数の蟹たちが、鋏を鳴らしながら押し寄せてくる。そんな光景を頭にうかべると、なんとも薄気味悪く、気が滅入ります。そうしたわけで、猿は、しばらくの間は、遠出《とおで》を控え、住処でひっそりおとなしく暮らしていました。

しかし、それまで自由気ままな生活を送ってきた猿のこと。

そうそう長い間、ひとところに引きこもってばかりもいられません。

それに、根がずうずうしい性質《たち》なもので、

「ひょっとして、おれの取り越し苦労かもしれんぞ。

よくよく考えてみると、おれが蟹の野郎を仕留めたとき、
あたりにはだれもいなかった。そうか!

犯人がおれだなんて、どだいバレっこないんだ」

などと手前勝手な理屈で納得し、いつの間にやら、ふだんどおりの生活に戻ってしまいました。

とはいうものの、やはり蟹の一族の動向は気になるとみえて、ある日、おっかなびっくり蟹の町内まで出かけ、近隣の者たちにそれとなく聞きこみをしてみました。

すると、彼らがいうには、

「蟹の親父さんは、実った柿を取ろうとして慣れぬ木登りをした際、足を滑らせて地面へ落ち、上から落ちてきた青柿に甲羅を割られて、亡くなったらしい。運が悪かったんだね。気の毒に・・・。」

猿はおおいに安心して、

「みんなは、事故と思っているようだ。あれこれ気をもんで、損したわい」

と、鼻歌まじりで住処へ戻りました。

◆
◆
◆

そんなある日のこと。
蟹の家から、猿の住処へ使者が来ました。
いわく、
「すでにお聞きおよびかとは存じますが、さきごろ、
当家の主《あるじ》は、慣れぬ木登りの最中に地面へ転落、
そこへ堅い青柿が降りかかって甲羅が潰れ、落命いたしました。
本日は当家におきまして、故人を偲ぶ法要を営みます。
つきましては、ご多用のところ恐縮ながら、
生前故人と親交がおありの貴殿にも、
お越しいただけまいかと存じまして・・・。
また、遺族が申しますには、当家の庭の柿の木をそのままにしておいては、

目にするたびに故人の死が思い出されて忍びない。
ご迷惑でなければ、故人の形見《かたみ》として、
貴殿にお譲りしたいと・・・。いかがなものでございましょうか。」
猿はこれを聞き、さも驚いた顔を見せながら、
「蟹殿が、庭の柿の木から落ちて、亡くなられたと？
ほんとうですか？ こりゃぁ、驚きました。
そうとは存じあげず、いままでお悔やみにもうかがわず、
ご無礼申しあげました。
いや、なにを隠そう、蟹殿とわたしは、むかしから無二の親友。
蟹殿のお庭にそびえる柿の木も、もとをただせば、
数年前に私が河原で拾った柿の種が芽吹いたもの。
あのとき、蟹殿はおむすびを拾われたのですが、
どうしても、とおっしゃったもので、

私の柿の種と交換して差しあげたのです。

その柿の木が、まわりまわって、
蟹殿のお命を縮める原因になろうとは・・・。

こんなことなら、あの時、どんなに熱心に頼まれても、
蟹殿に柿の種をお譲りするべきではなかった。

ああ、なんとも申しわけないことをいたしました。

私は、罪つくりな男でございます」

などと弁舌たくみに申し立て、空涙《そらなみだ》をポロポロ流して、わっとその場に泣き伏しました。

これぞ、一世一代の猿芝居。

使者は使者で、

「こいつめ、よくもそこまで嘘八百をならべられたものだ。まあ、見ていろ。

いまに、空涙ではなく、ほんものの泣きの涙を流させてやるからな」

と内心思いつつも、本音を猿に気取《けど》られぬように、ことさらに神妙な顔をして、

「そうまで申していただけましたら、泉下の主も本望《ほんもう》でございましょう。で、お返事のほどは？」

と問いますと、猿いわく、

「法要には、なにをおいても参ります。子蟹殿にも、くれぐれもお力落としのないようにとお伝えください。」

使者を帰すと、猿はほくそ笑《え》みました。

「世の中、おれさま以外は、馬鹿ばかりだとみえる。とりわけ、蟹どものまぬけぶりといったらない。親蟹を殺したのがおれだと知らぬばかりか、仇であるこのおれを丁重に弔いの場へ招き、あまつさえ、故人の形見だといって、柿の木まで譲ってくれるというんだからな。

どうやらおれにも、運が向いてきたらしい。」

猿はうきうきしながら身じたくを済ませると、蟹の住処へ急ぎました。

◆
◆
◆

門口に着きますと、先刻の使いの蟹が出迎えてくれたうえ、ほどなく奥の座敷へ通されました。

やがて、子蟹が入ってきて、

「本日はわざわざ恐縮でございます。

生前は父がなにかとお世話になり、ありがとうございました。

亡父になりかわりまして、あつくお礼申しあげます」

と丁重に挨拶しました。

猿も殊勝《しゅしょう》な顔をして、

「このたびはご愁傷さまです。わたしも、親友を亡くして、
これほど悲しいことはございません」

と、もっともらしい応対。

そのうちに、膳が運ばれ、酒が出て、猿は勧められるまま、さんざんに飲み食いして、すっかりご満悦でした。

やがて、

「奥で茶を点《た》てますゆえ、どうぞこちらへ」

と促されましたので、子蟹に連れられて茶室へ。

子蟹は、

「準備が整いますまで、しばしご休息を・・・」

と言いのこすと、引きさがっていきました。

ところが、それからというもの、待てど暮らせど、だれひとりあらわれず、茶も菓子も出てきません。

猿は、

「どうなってるんだ。あの子蟹め、客を置き去りにして、どこへ消えたのだ？
だいたい、これだから、茶の湯とやらは嫌いなのだ。
ええい、茶でなくてもよい、水でも構わん。
とにかく、なにか飲ませてくれないと、
こっちは酒を飲んだあとで、のどがカラカラなのだ」

としびれをきらし、湯でも一杯酌もうと炉のそばへ寄り、釜のふたに手をかけました。

この好機を狙いすましていたのが、炉の灰のなかに潜んでいた焼栗。

「極悪人め、思い知れ」

とばかりに、ポーンと一発はじけて、猿の首筋を痛撃しました。

不意うちをくらって、あおむけにひっくりかえる猿。

しかし、体力自慢のしぶとい奴ですから、一発くらいでお陀仏とはなりません。

「熱《あつ》！　あっっっつ・・・！」

と声をあげ、撃たれた首筋を手で押さえながら、茶室を飛びだしました。

それを外の庇《ひさし》で待ちかまえていたのが、大蜂。

「巣を壊された蜂たちの恨みのひと鑓《やり》、受けてみよ」

と叫びざま、自慢の鋭い針で、猿の頬のあたりをグサリと突き刺しました。

「あ痛《いた》っ！　いたたたたっ、こりゃ、たまらん」

続けざまの攻撃に、さしもの猿も度を失い、一目散に屋敷の外へ逃げだしますと、石垣の上から、例の石臼が、猿めがけてドスン。

猿は、たちまち、石臼の巨体に組み敷かれてしま

ミニコラム① 「さる」の語源

ほかの獣にくらべて知恵が勝っているという意味の「勝《まさ》る」が約《つづ》まり、「さる」となったか。あるいは、木の枝にぶら下がるから「さがる」→（「が」が略されて）「さる」とも。

いました。

ウンウンうなるばかりで、身動きのとれない猿。

そこへ満を持してあらわれたのが、遺児の子蟹です。

猿を見おろし、

「性悪《しょうわる》な猿め、そのみじめな姿は、自業自得だと知れ」

と言いますと、猿は、

「おのれ、さては、はじめから、おれを仇と知って・・・」

子蟹はニヤリとして、

「いまごろ気づいたか。憎き仇め、問答無用だ、覚悟せよ！」

と言うがはやいか、鋏をさっと開き、猿の首を挟んで、チョン。

子蟹はこうして、めでたく本懐を遂げたのでございます。

（原話：民話『猿蟹合戦《さるかにがっせん》』）

第2戦●猿VS烏《からす》：「これぞ、猿真似!?」

むかし、文覚《もんがく》という坊さんが、山中を旅していて、奇妙な光景に出くわしました。

川岸の岩の上に、猿が一匹、あおむけで横たわっています。

そして、すこし離れたところに、その猿を見守るかのように、仲間の猿が二匹、うずくまっているのでした。

これを怪しんだ文覚は、隠れてしばらくようすを窺《うかが》ってみました。

すると・・・。

時を経ずして、数羽の烏《からす》が飛んできて、岩の上の猿のそばへ降り立ちました。

烏たちは、猿の足をおそるおそる嘴《くちばし》で突《つつ》きました。しかし、猿は身動きしません。

すると、烏は、足から腰、背、頭へと、突く場所をだんだん移動させていきました。烏もなかなかの知恵者ですから、猿がほんとうに死んでいるのか、探っていたのです。

それでも、猿がぴくりともしません。

ここにおよんで烏たちは、ようやく、

「こいつはまちがいなく死んでいる。思わぬごちそうにありつけたわい」

と考えたのでしょう。

そのうちの一羽が、大胆にも猿の胸の上へ飛び乗り、鋭い嘴で、柔らかくてうまそうな目玉をほじくり出して喰おうとしました。

と、その時です。

それまで死んだふりをしていた猿が、両手をすばやく動かし、胸の上の烏の両

足をむんずとつかみました。

烏は驚き、バタバタとはばたいて逃《のが》れようとしましたが、両足をがっちり握られてしまっているので、飛び立つことができません。

すると、すこし離れたところに隠れていた例の二匹がすばやく駆け寄り、あらかじめ準備していた蔦《つた》の蔓《つる》を、烏の足にくくりつけたのでした。

すべては、烏を捕まえるために、最初から三匹の猿が仕組んだことだったのでした。

文覚は、呆気《あっけ》にとられながら、三匹のふるまいをなおも注視しました。

さて、三匹の猿は、こうしてやっとのことで捕まえた烏を連れて、川岸まで降りていきました。

そして、一匹が、蔓の端を持ったまま、烏を川面《かわも》へ放り投げました。

一方、残りの二匹は、上流まで行くと、川へジャブジャブ入り、下流の方へ魚を追い立てたのでした。

この光景を見て、文覚にもようやく、猿たちの狙いがわかりました。

そうです。

猿たちは、鵜飼《うかい》（飼い馴《な》らした鵜《う》という水鳥《みずどり》を操って、魚を獲る漁法）をまねていたのでした。

きっと、どこかの川で、人間がおこなっていた鵜飼を見て覚え、それを自分たちでやってみようとしたのでしょう。

ところが、鳥が鵜とおなじようにうまく泳いだり、水に潜ったりできるはずもなく、あわれなことに、川へ投げこまれた鳥は、ほどなく溺れ死んでしまいました。

猿たちは、鳥がぐったりして川底へ沈んでいくの

ミニコラム② 申年生まれの人の運勢

機を看るのに敏で、若くして異例の出世を遂げる人あり。面倒見がよいので仲間は多いが、口数が多いせいで思わぬ敵を作ることも。人を軽々に信用して痛い目に遭うこともあるが、晩年は安泰。

を見ると、おおいに落胆し、烏の死骸と蔓をその場へうち捨てて、山へ戻っていきました。

文覚は、旅から戻ると、さっそく、この不可思議なできごとを人々に語って聞かせたそうです。

（原話：『古今著聞集《ここんちょもんじゅう》』巻第二十）

第3戦●猿VS蛸《たこ》：「奏効した猿智恵」

大坂に住む嘉兵衛という商人《あきんど》は、仕事で毎年のように西国《さいごく》を廻《まわ》っていました。

今年も例年のごとく西国へ下りましたが、ふと厳島神社の参詣を思いたち、舟に乗りました。

舟が安芸の宮島から三里ほど手前の海にさしかかった時、船頭が乗客に声をかけました。

「あれあれ、おまえさんたちは運がええ。珍しいもんを見物できそうじゃ。ほれ、あそこの岸の岩の上に、猿が一匹、座っとるじゃろ。あれはなあ、蛸《たこ》獲《と》りの猿じゃ。

わしはこのへんを数えきれんほど通《とお》っとるが、
そのわしでも、めったに出くわさん光景じゃ。

まあ、だまされたと思うて、よく見ときなされ。」

こう言って、船頭がわざわざ舟をとめたので、乗客たちは、興味津々《きょうみしんしん》で、猿を注視しました。

よく見れば、最初に見えた猿のうしろには、ほかの猿が何匹も控えており、いちばん前に座った猿にしっかり手をかけて支えています。

そのうち、なにやら白っぽいものが、海中からヒラヒラと出たり入ったりしたかと思うと、突然、座っていた猿の首へ、するすると巻きつきました。

その刹那、猿たちは先頭の猿の体をぐいっとうしろへ引き倒しました。

はずみで、猿の首に巻きついていたものは、水中から引きあげられて岩の上へ。

それはなんと、大きな蛸でした。

蛸は怒り狂って、猿の首に巻きつけた太い足をグイグイ締めつけます。

仲間の猿たちは、蛸に猛然と襲いかかり、足や胴体を喰いちぎって、蛸を引き離しました。首を絞められていた猿は、瀕死の態《てい》で岩の上に横たわり、身動きもしません。

仲間は、まず喰い切った太い足をその猿の前へ置き、自分たちは蛸の頭を引き裂いて、分け喰らいました。そして、腹がふくれると、めいめいキイキイと鳴きながら、山の方へ帰って行きました。

やがて、倒れ伏していた猿が、ようやくのことで起きあがりました。

しばらくの間は、仲間が残していった蛸の足には目もくれず、ぼうっと立ちすくんでいましたが、そのうち、蛸の足を掴《つか》むと、ふらつきながら、いた

ミニコラム③　猿が登場することわざ

「猿が仏を笑う」（小利口な者が、賢者の真価に気づかずあざ笑う）、「猿に烏帽子」（猿に烏帽子をかぶせるがごとく、人品にふさわしくない服装や言動）などは、最近あまり聞かなくなった。

く弱々しい足どりで、歩み去っていきました。

（原話：『新説百物語』巻之三）

第4戦●猿VS鷲《わし》‥「風変わりな恩返し」

いまはむかし、九州のとある村に、身分の低い男が妻子と暮らしていました。家は海から近かったので、妻は平素からよく浜へ出ていました。今日も、子どもたちを連れ、隣家の友人と、磯辺へ。背負ってきた赤子《あかご》は平らな岩の上へ寝かせ、幼い兄弟にお守《もり》を言いつけ、自分は友人と貝を拾い歩いていました。

とそのとき、一匹の猿が波打ち際にうずくまっているのを見つけました。

このあたりは、山裾《やますそ》が海岸近くまで迫っていましたから、猿自体はべつに珍しくもないのですが、打ち寄せる波に洗われながらじっとしているのは、すこし変です。

二人は、

「おかしいわねえ。あんなところで・・・。

魚でも狙っているのかしら」

というぶかしがりながら、猿の方へ向かって歩いて行きました。

ところが、ふだんならば人間の姿が目に入っただけでさっと逃げ去ってしまう猿が、今日に限っては、こわがるそぶりを見せこそすれ、その場にじっとしたままで、キイキイとなにやら苦しそうな鳴き声をあげています。

ますます不審に思った二人は、さらに近づいてみました。そして、ようやく事情がのみこめました。

猿は、大きな溝貝《みぞがい》に手をはさまれて、身動きがとれないでいたのです。きっと、口を開けている貝を見つけ、中のやわらかい身を喰おうとして手をさし入れたとたんに貝が閉じ、手をはさまれてしまったのでしょう。

見れば潮がだんだん満ちてきています。このままでは早晩、猿は溺死してしまうでしょう。

二人は猿のこのまぬけなようすを見て、手を打って笑いころげました。が、そのうちに、隣家の女の方は、何事か思いついたらしく、あたりをきょろきょろ見まわすと、岩場から大きな石を拾ってきました。石で猿を打ち殺すというのです。

「いえ、なにねえ、ちょうどいい折だからさぁ、ここでこいつをひと思いに殺して家へ持ち帰り、焼いて喰っちまおうと思ってさぁ・・・・。」

これを聞いた子連れの女は、びっくり。

「なにを言うんだよ、そんなむごいこと・・・。いくら相手が畜生だからといって、それじゃあんまりかわいそうじゃないか。ねえ、今日のところはあたしに免じて、猿を助けてやっておくれよ。お願いだよ」

と拝み倒して、猿を殺すのを思いとどまってもらいました。

そして、そこらに流れ着いた木ぎれを貝の口のすきまに差しこんでねじり、猿の手を抜いてやりました。

さらには、

「猿の命を助けてやったんだもの。貝の命も助けてやらないと、辻褄《つじつま》があわないわよねぇ」

と言いながら、それまで採り集めていた貝を、砂のなかへ埋めもどしてやりました。

◆
◆
◆

助けてもらった猿の喜びようといったら、ありません。

手が無事に抜けるや、いまいましい貝のそばから走り去り、途中、くるりと女のほうへ向きなおると、うれしそうに、きゃっきゃっと鳴き騒ぎました。

女は、

「おまえさん、あたしがいなけりゃ、いまごろはあの世行きだったんだよ。たとえ畜生の身でも、恩というものを忘れちゃぁいけないよ。いいね」

と声をかけました。

そう言われ、猿はいかにもわかったような顔をして、また走りはじめました。ところが、猿は、住処《すみか》の山の方ではなく、赤子を寝かしている岩の方へ向かって行きます。女は、妙な胸騒ぎをおぼえました。

ほどなく、不安は的中しました。

なんと、例の猿が、こともあろうに、寝かせてあった赤子をさらって、山中へ駆けこんで行ったです。

子をさらわれた女は、

「ああ、あの猿が、あたしの子どもをさらって行ってしまった！　せっかく命を助けてやったというのに、なんと恩知らずなやつ！」

と絶叫しながら、猿のあとを追いました。

もうひとりの女も、

「それご覧よ。だからあたしが言ったように、打ち殺しておいたらよかったんだよ。妙な仏心《ほとけごころ》なんぞ起こして助けたりするから、恩をあだで返されて、このざまだ。それにしても、ひどいことをする猿だ。ゆるしちゃおけない」

と憤りながら、追いかけました。

◆　◆　◆

さて、赤子を小脇に抱えた猿ですが、その逃げかたは奇妙でした。

なにせ逃げこんだのは、ふだんから根城《ねじろ》にしていて、勝手知ったる山です。足弱《あしよわ》の人間の女の追跡をふりきることくらい、いとも簡単なはず。

にもかかわらず、わざわざ女たちの視界に入るくらいの距離を保ちながら逃げて行くのでした。

女たちが意地になって走り寄ると、猿は速度をあげて、すぐに引き離します。

女たちがゆっくり追うと、猿も歩を緩めます。

こうして一町（約百十メートル）ほどの距離がどうしても縮まらないまま、ふと気づくと、女たちはずいぶんと山深いところまで来ていたのでした。

母親は追い疲れて立ちどまり、

「これ、待たないか、馬鹿猿！

命を助けてやったのに、
おまえにはありがたいと思う心もないのかい？
畜生の身の浅ましさというやつで、
そもそも感謝の気持ちなんぞ持ちあわせていないのなら、
それはそれで仕方ないさ。だけどねえ、よりにもよって、
恩人であるあたしのかわいい子どもをさらうとは、
どういう了簡《りょうけん》だい。あまりにひどいじゃないか。
さあ、あたしの赤ちゃんを返しておくれ」
と呼びかけました。
猿はその訴えをいささかも意にかけず、さらに山の奥深くわけ入ると、赤子を抱いたまま、大木の上へ登って行きました。
女が走り寄り、見あげてみますと、猿は、赤子を抱いたまま、はるか樹上の太い枝の股のあたりに座っていました。

なすべもなく立ちつくす母親。
もう一人は、
「あたしはこれから急いで村へ戻り、あんたのご亭主に
このことを知らせてくるよ」
と言い残して、村へ一目散に帰っていきました。

◆◆◆

母親は梢を見あげては号泣しますが、猿は気にとめるようすもなし。それればかりか、かたわらの太い枝を弓のように引きたわめたかと思うと、抱えていた赤子を揺すぶって、わざと泣かせはじめました。しばらくして赤子が泣きやむと、また揺すって無理矢理に泣かせます。

やがて、赤子の泣き声を聞きつけて、

「恰好の獲物がおるわい」

とばかりに、鷲《わし》が一羽、矢のように飛んできました。

母親は、

「こんなときに、鷲までやってくるなんて・・・。

猿に喰われるか、鷲についばまれるか、どっちにせよ、

あの子の命はもう助からないんだわ」

と絶望し、泣きじゃくりました。

猿は枝をさらに引きたわめ、鷲が近づいて来るのにあわせて手を放しました。枝はビシリと鷲の頭を打ち、鷲はまっさかさまへ地面へ。

猿はこの首尾を見届けると、またしても枝を引きたわめ、赤子を揺すって泣かせ、寄って来た鷲を打ち落としました。

これを見て、母親ははじめて猿の意図を悟りました。

「まあ、そうだったの！ 赤子をさらうのが目的では

なかったのね。赤子の声で鷲をおびき寄せ、それを獲って私にくれるためだったのね。」

母親は、猿に向かって叫びました。

「お猿さんよ、あんたの気持ちがやっとわかったよ。あたしへの恩返しのために、鷲を獲ってくれているんだね。でもねえ、もう十分だよ。鷲を獲るのはそのくらいにして、あたしのかわいい赤ちゃんを返しておくれよ。」

そうこうするうちに、猿は鷲を全部で五羽、打ち落としました。

やがて、猿はするすると降りてきて、赤子を木の根元へそっと置くと、また樹上へ登って行き、からだをポリポリ掻きながら、母親のほうを見つめていました。

母親は急いで駆け寄り、赤子を抱きしめ、頬ずりをして無事を喜び、涙ながらに乳を飲ませてやりました。

しばらくすると、赤子の父親が息せききって村からやってきました。女は、残

された五羽の鷲を指さしながら、夫に事の顛末《てんまつ》を語って聞かせました。猿はいつしか山中へ去っていきました。

この後、夫は鷲の羽根と尾を切り取り、妻はわが子をしっかりと抱いて、親子三人で家へ戻りました。羽根と尾は、売って生計の足《た》しにしました。

◆◆◆

このように、猿ですら、恩を忘れなかったのです。まして人間たるものは、受けた恩義を忘れてはいけません。

それにしても、いくら恩返しのためだったとはい

ミニコラム④　日本特産のサル

オナガザル科のニホンザルは日本特産種。顔と尻が赤く、尾が短い。大都市近郊で野生猿を観察できるスポットとしては、箕面山（大阪府箕面市）が有名。昭和三十一（一九五六）年、天然記念物に指定。

え、今回の猿のふるまいのせいで、かの母親は、どれだけ胸を痛めたことか。じつに気の毒なことでありました。

また、このはなしを聞いた人々は、母親に同情する一方、猿が用いた鷲獲り術の巧妙さに舌を巻いたといいます。

（原話：『今昔物語集』巻第二十九 第三十五話）

第5戦　猿VS馬：「油断大敵！」

むかし、足利義氏《あしかがよしうじ》という武将が、美作《みまさか》の国（現在の岡山県東北部）から、一匹の猿を手に入れました。

その猿は舞が上手でしたので、義氏はさっそく、将軍様の上覧に供しました。前の能登守《のとのかみ》であった三浦光村に鼓を打たせて舞わせたところ、その舞のたくみなことといったら、畜生のなせる業《わざ》とは思えないほどでした。

猿は、紋様入りの直垂《ひたたれ》・小袴《こばかま》に、烏帽子《えぼし》姿《すがた》でした。曲の前半はゆったり、後半では早間《はやま》・・・といった具合に、緩急をつけて舞ったので、見物していた人々は驚き、感じ入りました。

この猿は、舞い終わりますと、かならずご褒美《ほうび》をねだりました。褒美をやらないと、いつまでも舞台を去ろうとしません。そのようすがまたおもしろいというので、見物した貴人たちは、例外なく、りっぱな引出物《ひきでもの》を下賜してやりました。

さて、将軍様の上覧の後、くだんの猿は、鼓を担当していた光村に預けられました。

光村は、猿を馬屋《うまや》の前につないで飼いました。

が、そんなある日のこと。

どうしたわけか、猿は、その馬に背中をかまれてしまいました。すると、それを境に、猿はふっつりと舞わなくなってしまいました。

なんとも惜しいことをしたものです。

ミニコラム⑤　さるすべり

漢字では「猿滑」。ミソハギ科の落葉中高木。八月ごろ、白または紅色の小花が密集して咲く姿が愛され、好んで庭園に植えられる。樹皮が滑らかで猿も登れまいとの連想から、こう命名された。

（原話：『古今著聞集《ここんちょもんじゅう》』巻第二十）

第6戦●猿VS蛙《かえる》：「お猿のお尻はなぜ赤い？」

むかしむかし。
長く寒い冬が終わって、ようやく水も温《ぬる》んできたというある日のこと。
一匹のひき蛙《がえる》が、ゴソリゴソリと谷の方から上がってきました。
そこへ、山の上の方から、一匹の猿がひょいひょいひょいひょいと降りてきました。
二匹は、坂の途中でばったり。
「おお、こりゃぁ、猿どんか。久しぶりだなぁ。」
「そう言うお前は、ひきどんか。寒い冬の間は、お互い苦労が絶えなんだが、
ようやく春が来て、ほっとしたよ。どうだい、今日は天気もいいし、

せっかくこうして出逢ったことだし、いまからいっしょになにか喰わんかね。」

猿は喰い意地がはっているので、口を開けば食いもののはなしばかり。ただ、ひきも、ひさしぶりに知りあいにあったうれしさに、

「そりゃぁ、よかろう」

と答えました。

それからあれこれ相談した結果、二匹は餅をつくことにしました。

猿はすぐさま村まで出かけると、どうやって手に入れたのかはわかりませんが、餅米が二升ほど入った袋を担いで戻ってきました。

「ほれ、ひきどん、餅米だよ。これを使おうぜ。」

ひきはさっそく、その餅米を谷川の水で研ぎ、蒸籠《せいろう》にかけて蒸しました。蒸籠からはぼうぼうと白い湯気が上がり、餅米はうまそうに蒸しあがっていきます。

それを見るうち、食いしん坊の猿は、餅をひきに半分やるのが惜しくなってき

ました。

そこで一計を案じ、ひきへこう呼びかけました。

「なあ、ひきどんよ。いまからこの餅米をつかねばならないが、ただここでついたんでは、あたりまえすぎて、おもしろみがない。で、どうだろう。むこうの山のてっぺんへ持って行って、そこでつくことにしたら？　あそこなら見晴らしもいいから、おなじ餅を喰うにしても、うまさが増すってなもんだ。」

「ウン、そんならそうしよう。でもなあ、わしはあんなところまでは、よう運ばんぞ。」

「それなら、大丈夫。わしが運んでやるさ。」

猿は蒸しあがった餅米を臼に放りこむと、それを担ぎあげ、ひょいひょいと山のてっぺんまで運びました。ひきは、うんとこしょ、うんとこしょと懸命に坂を上り、遅れてやってきました。

さあ、餅つきのはじまりです。

ボッサボッサと猿がつき、ごんねごんねとひきがこね混ぜます。二匹が息のあったところを見せたかいあって、しばらくしますと、見るからにうまそうな餅がつきあがりました。

ところが・・・。

猿はつきあがったのをみはからうと、臼をゴロリと横だおしにしました。なにせ山のてっぺんのことですから、当然、臼は坂道をごろんごろんと転がって落ちていきます。

猿は杵《きね》を担いだまま、臼について、ひょいひょいと坂を走りおりて行きます。

頂上に取り残されて、唖然とするひき。

しかし、のろまな自分では、追いかけて行くことなど、とうてい、無理です。

「ああ、仕方がない・・・。」

ひきは吐息をつくと、びょこり、びょこりと跳ねながら、ひとり寂しく坂を下りて行きました。

ところが、ふと見ますと、かたわらの木の梢《こずえ》に、さっきの餅が引っかかって、白い湯気をあげています。おそらく、転がる臼の中から飛び出して、あそこへ引っかかったのでしょう。

「おお、こりゃぁ、ありがたい。猿にひとりめされずに済んだわい。どぉれ、ゆっくりいただこう。」

ひきは、餅をちぎっては喰い、ちぎっては喰い、つきたての味を堪能しました。

あてがはずれたのは、坂の下までたどり着いた猿です。

臼の中をのぞきこみましたが、かんじんの餅は、

ミニコラム⑥「猿蓑《さるみの》」

江戸中期の俳書。六巻二冊。元禄四年（一六九一）刊。松尾芭蕉監修、野沢凡兆《ぼんちょう》・向井去来編。俳諧七部《しちぶ》集の一。書名は、芭蕉の句「初しぐれ 猿も小蓑を ほしげ也」に由来する。

へりにわずかにこびりついているだけ。それをそぎ落とすようにして食べ、杵にへばりついていた分もなめるようにして食べると、あとはなにもなくなってしまいました。

「それにつけても、ひきの奴、どうしたのだろう。

いっこうに下りてこないが・・・。」

不審に思った猿が、再度、坂を登って行きますと、そこには、木に引っかかった餅を幸せそうに食べているひきの姿。

「ひきどん、ひきどん。餅のそっちの端が垂れているぞ。」

「ああそうか、そんなら、そっちを食べるとしよう。」

「今度は、こっちが垂れそうだ。」

「そんなら、こっちも頂くよ。」

とにかく、ひきは食べるのに夢中。

その口から、

「猿どん、すこし頒《わ》けてやろうか？」

の一言《ひとこと》が出ようはずもありません。

猿はがまんできなくなって、

「ひきどん、わしにも、すこしくださいな」

と懇願しますが、ひきは、

「お前さんは、臼のほうを追いかけて行ったのだから、中に入っていた餅をたらふく喰ったはずだ。もうそれで十分だろ？」

と言って、とりあいません。

「いいや、そんなことはないんだ。臼がからっぽだったんで、へりにへばりついていた餅を、ほんのちょっぴり食べただけさ。お願いだから、すこし頒けておくれよ。」

「ううむ、仕方がない。そんなら、ほれ、くれてやろう」

と言うがはやいか、ひきは熱々の餅の端を引きちぎり、猿の顔へペチャリと投げつけました。

猿は、

「やれ熱い、ああ熱い」

と騒ぎたてながらも、食い意地ははっていますから、餅を顔から引きはがすと、ハフハフ言いながら、見る間にむさぼり喰ってしまいました。

そして、なおも、

「ひきどんよ、もっとおくれよ」

と催促するずうずうしさ。

「フン、そんなら、これでどうだ」

と、ひきがまたも熱い餅玉を猿へ投げつけますと、猿は、

「だいじな顔に、二度目はごめんだ」

とばかりにクルリとうしろを向き、なんと尻で餅玉を受けとめました。

こうしたわけで、猿の顔と尻は、あんなにも真っ赤で、毛も生えていないのです。

（原話：民話『餅争い』）

第7戦 ● 猿VS犬：「まさに、犬猿の仲」

いまはむかし。

美作《みなさか》の国（現在の岡山県東北部）には、中参《ちゅうざん》と高野《こうや》という二神がおわしました。

ご神体は、それぞれ猿と蛇でした。

年に一度の祭事の折には、地元の生娘《きむすめ》一人を生贄《いけにえ》として供えるならわしがありました。この風習は、かなり以前からついこの間まで、連綿と続いていたのでした。

さて、この国に、高貴な家柄とはいえないけれども、十六、七歳の美しい娘を持つ男が住んでいました。

男も妻も、この娘を大層かわいがっておりましたが、不幸なことに、ある年、とうとう彼女に白羽の矢が立てられました。次の年の生贄に指名されたのです。祭事の際には、その年の生贄が捧げられるとともに、次年の生贄が指名されます。指名された娘は、それから一年の間、念入りに養い太らされ、次の祭事で神へ捧げられる決まりでした。両親も本人も絶望のドン底へ突き落とされましたが、嘆き悲しんでいる間にも、月日はどんどん過ぎていきます。

親子の永遠の別れの日は、もはや目前でした。

そんなある日のこと。

東国の方から、ひとりの男がやって来ました。

男は猟師でした。猟犬数頭を手足のように使い、山中の鹿や猪を狩って、生計を立てていました。肝っ玉の据わった偉丈夫《いじょうふ》でした。

しばらく滞在するうち、例の生贄の話は、自然と男の耳へも入りました。

◆◆◆

さて、男は所用があって、生贄に指名された娘の家を訪れました。案内を請うて待っている間に、戸の隙間《すきま》から中をさしのぞくと、生贄の娘が、ひとりさびしく部屋で伏せっているのが見えました。田舎に不釣りあいなほど、清らかで上品な娘でした。

そのような美女がじつに悲しげに、乱れ髪のままで泣き伏している姿を見て、男は心底、あわれに思いました。

やがて、その家《や》の主《あるじ》があらわれたので、奥の間《ま》であれこれ話すうち、主は、

「すでにお聞きおよびかもしれませんが、この世でたった一人のかわいい娘が、生贄に選ばれてしまいました。祭事は、一日一日、近づいて参ります。別れの日は近いのです。

なんの因果で、こんな悲しい目に遭わなければならないのでしょうか」

と歎じました。

それを聞いた男いわく、

「最愛の娘がむざむざ殺されるのを、手をこまねいて見ている親がどこにいますか。そんな非道な親こそ、死んでしまえばいいのです。ところで、さきほどからのお話をうかがっていますと、あなたは、『もはや娘の命は助からぬ』とあきらめておられるようですね。そこで、ものは相談です。死んだものとあきらめた娘さんならば、この私にくださいませんか。いいえ、『死んだもの』と言うのは、ことばの綾《あや》です。だいじな娘さんを、死なせたりはいたしません。私が身がわりになってさしあげましょう。それならば、婿にしていただくのに不足はありますまい。」

親がこれを聞いて驚き、

「これは、やぶから棒に、いったい、なんのお話ですか。

なにをなさるおつもりなのですか」
とたずねますと、男は、
「ご不審はごもっともですが、私に考えがありますので、
どうか私を信じて、言うとおりになさってください。
まず、お屋敷に私がいることは、他人には秘密にしておいてください。
それから、ご近所には『祭事の前なので、精進するのだ』と言いふらし、
屋敷の周囲に注連縄《しめなわ》を張り巡り、
だれも寄せつけないようにしてください。」
と頼みこみました。
親は、
「娘の命さえ助けてくださるのでしたら、
おっしゃるとおりにいたします。」
と言って、娘との婚儀を許してやりました。

こうして、男とその家《や》の娘は、夫婦として暮らしはじめました。二人の仲の睦まじさは格別でした。

◆ ◆ ◆

そのかたわら、男は、長年苦楽をともにしてきた猟犬の中から、さらに二頭を選《え》りすぐり、特別な訓練を課しました。

山からひそかに数匹の猿を捕まえてきては、屋敷の庭で、猟犬たちにけしかけ、猿との戦いかた、猿の仕留めかたを実地で学ばせたのでした。

「犬猿の仲」という言いまわしがあるように、犬と猿は、もとから仲が悪いのです。そこへもってきて、さらにこうした特殊な訓練を課したものですから、いまや猟犬たちは、猿と見るとすぐに飛びかかって喰い殺してしまうほどになりました。

そうこうするうちに、祭事の日が近づいてきました。

男は愛用の刀を念入りに研ぎ澄ますと、最愛の妻にむかって言いました。

「おれは、もうすぐ命を落とすかもしれぬ。

死ぬのは定めだから仕方ないが、
お前と会えなくなるのが、たまらなく悲しい。」

妻は夫の真意をはかりかねましたが、夫の沈痛な表情を見て、つらい心持ちになりました。

◆◆◆

さて、いよいよ祭事の当日。

娘の家には、神主を先頭に、村人が多数やってきました。

彼らは、担いできた新しい長櫃《ながびつ》を寝所へ運びこみ、

「生贄の娘は、ここへ入れ」

と催促します。

男は、村人に見つからないように、妻の代わりに長櫃の中へ入りました。狩衣《かりぎぬ》・袴を身を包み、研いだ刀を握りしめていました。両脇には、猟犬二頭が隠れ伏しています。

親たちは、中に娘が入っているかのように取り繕《つくろ》い、長櫃を屋敷から運び出させました。

やがて、鉾《ほこ》、榊《さかき》、鏡などを掲げた大勢の者たちに先導され、祭事の行列は進んでいきました。

妻は、ひたすら夫の身を案じていました。

親たちは、

「身がわりの件がばれたら、怒った村人たちに殺されるかも知れないが、それも覚悟の上だ。娘を助けるため、いまはこうするほかないのだ」

と自分に言い聞かせていました。

◆◆◆

行列が社《やしろ》に着くと、祝詞《のりと》があげられ、長櫃は玉垣《たまがき》の内側へ安置されました。

宮司たちは、玉垣の外に居並んでいます。

男が、長櫃の蓋をすこしだけ押しあげて外のようすをうかがってみますと、体長七、八尺の大猿が上座に居座っています。歯は白く、顔と尻は赤いです。その左右には、家来とおぼしき猿が数百匹ひしめき、赤ら顔をして眉を吊りあげ、ぎゃあぎゃあと叫び騒いでいました。

前には、俎板《まないた》が据えられ、大きな包丁が置かれています。酢塩《すしお》、酒塩《さかしお》などの調味料も準備され、まるで人間が鹿をさばいて食べるときさながらです。

しばらくしますと、上座の大猿が立ち上がり、長櫃の蓋に手をかけました。ほかの猿たちもおなじように蓋に手をかけて、開けようとした刹那、男が中から飛び出し、猟犬たちに、

「いまだ！　喰いつけ！」

と命じました。

するとと、習練を積んだ犬たちは、臆することなく大猿に飛びかかり、たちまちに噛み伏せてしまいました。

男が鋭利な刀を首にあてて、

「おまえの首を斬り落としてやろう。おまえも、人間を喰う時には、いつもそうしていただろう？　生首は犬の餌にしてくれるわ」

と凄みますと、大猿はただですら赤い顔をさらに紅潮させ、手をすり、涙を流して命乞いをしました。

それでも男の怒りはおさまらず、

「長年にわたって人間を喰い殺してきた報いとして、今日はおまえが殺される番だ。おまえがご神体だというのなら、いますぐこのおれに祟って、おれの命を奪ってみろ」

と言いざま、刀を大猿の首にさらに強く押し当てました。

この間、二頭の猟犬たちは、子分の猿どもを片っ端から喰い殺していきました。


そうこうするうちに、玉垣の外にいた宮司に神が依り憑き、

「われはこの地の神なり。われは今日より後、二度とふたたび生贄をとらず、何者の命も奪うまい。また、かの男が本日のような所行《しょぎょう》に及んだからといって、罰してはならぬ。身がわりを許した親たちやこの男の妻などについても、一切を不問に付せ。どうかわが身をゆるしてくれ。」

とのご託宣がありました。

神職たちはあわてて玉垣の中へ入り、男に向かって、「神さまがみずから詫びておられるのだ。畏れおおいことだ。

さあ、その猿をゆるしておあげなさい」

と言い聞かせましたが、男は、

「おれは命なんぞ惜しくない。こいつに殺された大勢の人間たちになり代わって、こいつを殺してやる。

こいつの首を斬り落としてから、おれも死んでやるのだ」

とどこまでも鼻息が荒く、ちっとも耳を貸しません。

そこで、神職たちは祝詞をあげ、猿が二度と人間に危害を加えぬ旨を保証しました。

これを聞いて男はようやく納得し、

「よし、そこまで言うのなら、ゆるしてやろう。

ミニコラム⑦　猿橋《さるはし》

山梨県大月市の桂川にかかる猿橋は、山口県岩国市の錦帯橋、栃木県日光市の神橋と並ぶ、日本三大奇橋のひとつ。橋脚のない刎木橋《はねぎばし》の構造は、猿たちの渡河の姿に着想を得たという。

二度と悪事を働くなよ」

ときつく戒《いまし》めてから、猿を放してやりました。猿は山へ逃げ去りました。

こうして男は無事に帰宅し、以後、妻と末長く幸せに暮らしました。その家の家族・親族には、なんの祟りもありませんでした。生贄の風習は止《や》み、国は平穏になったと言います。

（原話：『今昔物語集』巻第二十六 第七話）

第8戦●猿VS亀：「すまじきものは宮仕《みやづか》え」

雄略天皇二十二年、丹後の浦（現在の京都府北部の海辺）で釣りをしていた浦島太郎は、一匹の亀を得ました。

亀は女に変じ、浦島は彼女に導かれるまま、海底の竜宮城へ。

「珍客来たる」とおおいに歓待され、連日連夜、豪勢な饗応を受けました。

そればかりか、いよいよ陸地へ帰るというときには、竜王から玉手箱まで授けられました。

意気揚々と出発しようとした浦島がふと見ると、竜王はいつになく浮かない表情。別離の寂しさだけが原因とも思われません。わけをたずねますと、竜王がこ

ぼすには、

「よくぞ、おたずねくださった。じつは、近ごろ、娘の具合が悪く、いろいろと手を尽くして療治をしているのだが、いっこうに回復しないのです。なにかよい知恵はございませんか？」

浦島が姫君のようすを観察して言うには、

「拝察しましたところ、姫君のご病気は、おそらく気鬱《きうつ》と労咳《ろうがい》（肺結核のこと）だと思われます。そうした病気には、生姜湯《しょうがとう》に猿の生肝《いきぎも》を入れて服すればよい、と聞いたことがあります。」

これを聞いた廷臣たちが、口々に言います。

甲烏賊《こういか》「猿の生肝とは、いかにも手に入れにくい代物《しろもの》じゃ。」

巻貝「そもそも、わしは猿という生きもの自体、見たことがないわい。」

鯛「猿の生肝は、いったいどうしたら手に入る？」

鯱《しゃち》「知恵者《ちえしゃ》の亀に命ずれば、なんとかなるのではないか。」

蛸「それにつけても、あの浦島殿は、

まだお若いのに医術の心得もおありなのか。感心感心。

このまま帰すには、惜しいお人《ひと》じゃ。

竜宮に留まっていただきたいのぉ。」

やがて、そうしたおしゃべりを遮《さえぎ》って、竜王が、

「浦島殿のご出立《しゅったつ》じゃ」

と大音声《だいおんじょう》を上げたのを合図に、浦島は巻貝に先導されて去っていきました。

◆　◆　◆

浦島が帰ると、竜王の命《めい》で、緊急会議が召集されました。だれが猿の生肝を獲りに行くべきか、それをはやく決めねばなりません。

ところが、多くの者が尻ごみして、会議は紛糾。
そのうちに、亀が決然と名乗りをあげました。
「私が、猿の生肝を獲りに参りましょう。」
驚く一同。
鯱「おお、亀殿。よくぞ申された。そういうことならば、
はやいに越したことはない。すぐに出発なさるがよろしかろう。」
蛸「亀殿。申すまでもなく、今回のお役目は重大じゃぞ。
わかっておろうの？」
亀「わかっておりまする。どうかこの私にお任せあれ。」

◆　◆　◆

しばらくの後、亀は猿の住む山を訪れました。

そして、猿に、

「おまえ様は、身が軽くて動きが自在。ほんにみごとものじゃ。どうだね、私の甲羅の上へ乗り、竜宮城へ来てくださらんか。竜王様や海の仲間たちに、おまえ様の軽やかで華麗な身のこなしを見せてやりたいのじゃ」

と呼びかけますと、おだてられた猿はいい気になって、

「そういうことならば、お供させていただこう」

とふたつ返事。

亀は、内心、

「しめしめ、うまくいった」

とほくそ笑みつつ、猿を甲羅に乗せると、波を押しわけて竜宮城へ向かいました。

これを見送るほかの猿たちは、

「竜宮城では、きっと魚の食べ放題だろう。あやかりたいものだ。」

「おおい、むこうの居心地がよかったら、おれにも迎えをよこしてくれよ」
などと言っては、きゃっときゃっと騒ぎます。
甲羅の上の猿が、
「わかった、わかった。あとで便りなりともよこすからな。
達者でなぁ」
と身を乗り出して手を振っていますと、亀は、
「これこれ、甲羅の上であまり動いてもらっては困る。
ただですら重いんじゃから」
とたしなめました。

◆ ◆ ◆

そうこうするうちに、二匹は竜宮城へ到着しました。

亀は猿を門前に待たせ、自分は上首尾を奏上するために、中へ。
門番の海月《くらげ》は、猿のお気楽そうなようすがおかしくてならず、
「これがこれは猿さんよ、おまえさんは、いったいどうして、
わざわざこんなところまで、来《き》ちまったのかね。
今日の夕暮れには生肝をとられるとも知らずにさ」
と、つい口をすべらせてしまいました。
これを聞いた猿は驚き、すぐに逃げようと思いましたが、なにせここは海の中。
自分ひとりで逃げ帰るのは、無理な相談です。となれば、ここは一番、なんとか
いい知恵を出して、切り抜けるしかありません。猿は平静を装いつつも、必死に
考えをめぐらせました。
なおもせせら笑う海月。
頭にきた猿は、
「おいおい、おまえさんがかぶっているのは、いったい、なんだね。

紙合羽《かみかっぱ》の破れたやつかい？

そんなものをかぶって、雨の用心かね？」

と、頭でっかちの海月の容貌をからかいました。

海月は、

「なんとでも、ほざくがいいさ。そうした空元気《からげんき》も、

しょせんは夕暮れまでのことさ」

と相手にしません。

そのうちに、知らせを聞いた魚たちが集まってきて、

「猿なんぞ、生まれてはじめて見たぞ」

「猿は利口な生きものと聞いていたが、だまされて

連れてこられたところを見ると、たいしたことはないな」

「いまから生肝をとられると聞いて、びっくりして

肝を潰さなければよいが・・・」

と立ち騒ぎました。

◆ ◆ ◆

やがて、竜王のお召しがかかりました。

猿は、玉座の前へ連れて行かれました。

と、そのとき、俄雨《にわかあめ》が・・・。

猿は、心底、驚いたフリをして、叫びました。

「やや、雨が・・・。こりゃぁ、しまったことをした！

生肝を庭の木の枝に干したままだ。これじゃぁ、生肝が雨に濡れ、台無しになっちまう。だいじなだいじな生肝なのに、
なんとも惜しいことだなあ。」

これを聞いて、一同は慌てます。

蟹「生肝を陸に置いてきたと？　それでは話にならぬ。おい、亀よ。

　はやく行って、取ってこい。」

鯖《さば》「そうだそうだ、はやく取りに帰れ。このまぬけめ。」

亀「そういうことなら、またおれが連れて行かねばなるまい。」

鯱「どうも胸さわぎがする。猿を返して、ほんとうに大丈夫か・・・。」

やがて竜王から、

「はやく生肝を取って参れ」

とのご下命があったので、猿は急いで亀の甲羅に乗り、陸まで送り届けてもらいました。

◆◆◆

さて、陸地へ戻ってしまえば、もうこっちのものです。

猿は、

「よくも、だましてくれたな。こっちはもうすこしで、腹を割《さ》かれるところだったわい。海月がうっかり口にした一言《ひとこと》のおかげで、かろうじて助かったが・・・。許せないのは、おまえだ！」

と激怒し、仲間といっしょに亀を縄で縛りあげると、甲羅をぼかぼかと石で殴りつけました。

「思い知れ、こいつめ！」

「甲羅をたたき割ってやるぞ！」

大人数に責めたてられ、亀が、

「もはや、これまで」

と観念したときのこと。

突如、どこからともなく鶴が飛来して、猿たちを追い散らし、縄を喰い切って、亀を海中へ逃がしてくれました。

感激した亀は、お礼に自分の一万年の寿命のうち、一千年を鶴に頒《わ》けてやりました。「鶴は千年、亀は万年」という言いまわしは、この一件に由来するのです。

こうして、鶴のおかげで、かろうじて猿たちから逃れた亀ですが、甲羅の傷がひどく、竜宮城へは戻る体力がありません。

そこで、流木を添《そ》え木《ぎ》代わりに背へくくりつけ、海面を力無く漂っていました。

そして、数日後、運よく竜宮界の浜辺に漂着したところを発見され、竜宮城へ運びこまれました。

◆◆◆

ニコラム⑧　猿沢池

奈良市登大路《のぼりおおじ》町にある、興福寺の放生池。周囲三百数十メートル。古く「佐怒佐波《さぬさわ》池」と呼ばれていたが、いつしか「猿沢池」と呼ばれるようになったという。

亀は息も絶え絶えの重傷でしたが、気力を振りしぼって、竜王へ事の次第を報告しました。

「海月の失言のせいで、猿めはこちらの計略に気づき、まんまと逃げおおせてしまいました。それればかりか、私はやつらに捕まり、このとおり、甲羅を打ち割られてしまったのでございます。面目次第もございません。」

これを聞いた姫君は気の毒がり、侍女ともども、亀を介抱してやりました。甲羅に入ったひびをていねいに縫ってやったのです。亀の甲羅の独特の紋様は、これに由来します。

一方、海月ですが、無駄口をたたいて猿を取り逃がした罪を問われ、体中《からだじゅう》の筋骨《すじほね》を抜かれたうえ、竜宮城を逐《お》われました。大海原《おおうなばら》への流罪の憂き目に遭ったのです。

ひとり寂しく波間《なみま》に漂う海月。

水から陸に上がって、日の光で冷えた体を温めたくても、筋骨を抜かれている
ために、立つことも歩くこともできません。上陸のかなわぬ海月は、生涯、漂泊
の身となったのでした。

ところが、捨てる神あれば拾う神あり。
海月を命の恩人と仰ぐ猿は、仲間の手長猿《てながざる》に頼んで、海月を水から掬《すく》い上げ、
陸地でしばし日光浴をさせてやりました。

体の芯まで温まって元気を取り戻した海月は、ふたたび海に入り、海峡を流れ
渡って唐《から》へ到り、唐海月《とうくらげ》となりました。食通に懇望《こんもう》される逸品に出世したのです。
その後、海月は、仲間の金海鼠《きんこ》（海鼠の一種）と酒を酌み交《か》わしては、身の上話《みのうえばなし》
に花を咲かせたといいます。

（原話：草双紙《くさぞうし》『亀甲の由来』）

第9戦●猿VS鷹《たか》：「復讐するは我にあり」

むかし、若狭の国（現在の福井県西南部）のある百姓が、夫婦の猿を飼っていました。夫婦は一匹の子を成し、いたくかわいがっていました。

ある日のこと。

子猿が百姓の家の庭で遊んでいますと、鷹が一羽、矢のように飛来し、子猿を引っ掴《つか》んで軽々と持ちあげたかと思うと、虚空へ飛び去りました。

これを見た親猿たちは、木の梢に上がって吼《ほ》え叫んだり、地面で飛び跳ねたりして立ち騒ぎましたが、あとの祭り。子猿はまんまとさらわれてしまったのでした。もはや命はないでしょう。

それからというもの、親猿たちは深く嘆き悲しみ、食事もしないまま、ただ呆然と過ごしていました。

しかし、その二、三日後、二匹は、朝早く、ぷいっとどこかへ出かけて行ってしまいました。

百姓がゆくえを案じていますと、ようやく昼過ぎくらいに、魚の腑《はらわた》のようなものを手にして、二匹は戻ってきました。

見ておりますと、一匹はその腑を頭の上へ乗せ、ちょうど子猿がさらわれたあたりにうずくまりました。

しばらくしますと、例の鷹がまたも飛来し、その腑をつかんで飛び去ろうとしました。

ミニコラム⑨　鬼門封じの猿

京都御所の築地塀は北東の角を欠く。これは鬼門（丑寅＝北東）封じのためである。「鬼や魔が去るように」との願いから、塀の軒下には烏帽子をかぶり御幣を担いだ木彫りの猿が祀られている。

その瞬間、猿は下から鷹へ飛びつき、引っ捕らえました。すると、あたりに隠れていたもう一匹も走り来て、二匹はそろって鷹を喰い殺してしまったのです。

こうして親猿たちは、みごとに子の仇を討ったのでした。

畜類の知恵というのは、侮《あなど》りがたいものです。

（原話：『新説百物語』巻之三）

第10戦●猿VS人間：「便所の怪」

むかし、福島正則《まさのり》という武将がいました。

この侍の表座敷の便所には、夜《よ》な夜な怪物が出るというので、ひさしく使う者がありませんでした。

ある夜のこと。

福島邸へ仲間数人が集い、宴が催されました。

その中には、勇将として知られる塙団右衛門《ばんだんえもん》もいました。

宴もたけなわとなったころ、団右衛門が用を足すべく立ちあがったので、正則は便所での変事を心配し、小姓に手燭《てしょく》を持たせて、付きそわせました。

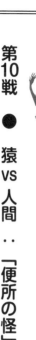

便所は、松の大木の下にあって、屋根には蔦《つた》が絡《から》みついていました。団右衛門が中へ入ってしばらくすると、なまあたたかい風がさっと吹き、なにかがドサッと屋根の上へ落ちた気配がしました。

団右衛門が、

「さては、これがうわさの怪物であるな」

と息を潜《ひそ》めてようすをうかがっていますと、怪物はゴソゴソと這って屋根の端まで行き、さかさまに窓から中をのぞきこみました。その顔は、赤鬼ごとくで、両眼はギラギラと妖《あや》しい光を放っています。

団右衛門はその顔をにらみつけると、一喝しました。

怪物は、ヒラリと身をかわすと屋根から下り、今度は便所の穴の下から毛むくじゃらの手を伸ばして、団右衛門の尻をなでます。団右衛門がその手をつかもうとしますと、怪物はさっと逃げて屋根へ上がり、さきほどとおなじようにこちらのようすを窺います。これではきりがありません。

団右衛門は意を決し、穴のところから立ちあがると、すばやく怪物の腕をつかみ、力いっぱい、引き下ろしました。

怪物は屋根から転げ落ち、はずみで小姓の手燭が消えて、あたりはまっ暗になりました。その闇にまぎれて、怪物は逃げ去ろうとします。

そこで小姓が、怪物の足をむんずとつかみました。団右衛門は急いで腰の刀を抜き、怪物を刺し殺しました。

騒ぎを聞いて、正則と仲間たちが、明かりを持って、ドヤドヤと駆けつけてきました。

見れば、団右衛門は、庭先で、全身、返り血を浴びて仁王立ち。足元には、怪物の死骸が転がってい

ミニコラム⑩　三猿

三匹の猿が、それぞれ両手で両目・両耳・口を覆う意匠は、おなじみ。「見ざる、聞かざる、言わざる」の意。最近では、股間に手を当てた（「せざる」）もう一匹を加え、「四猿」ということも。

ました。

近づいてたしかめてみますと、それは大きな老猿だったそうです。世の中にはさまざまな怪物のはなしが流布《るふ》していますが、団右衛門の場合のように、怪物を実際に仕留めて正体をたしかめてみますと、猿や狐狸《こり》であることが多いのです。思えば、そのむかし、源頼政が射た鵺《ぬえ》なる怪物も、その類《たぐい》だったのかもしれません。

（原話：『近古史談《きんこしだん》』巻二）

出典一覧

◎『古今著聞集《ここんちょもんじゅう》』‥

説話集。橘成季《なりすえ》編。建長六（一二五四）年成立。二十巻。

神祇、公事《くじ》、文学など、約七百話を収録。

◎『今昔物語集』‥

説話集。撰者未詳。十二世紀初頭の成立か。三十一巻。

天竺・中国・日本の仏教説話や世俗説話など、一千余話を収める。

◎『新説百物語』‥
物語集。小幡宗左衛門著。明和四（一七六七）年刊行。五巻。
怪談のみならず世俗の奇話など、五十数話を収める。

◎『亀甲《きっこう》の由来』‥
草双紙。作者・画工未詳。宝暦四（一七五四）年刊行か。二巻二冊。
仏教経典に由来する「猿の生き肝」譚の一変種。

◎『近古史談』‥
歴史書。大槻磐渓《ばんけい》著。元治元（一八六四）年刊行。四巻。
名君や忠臣などに関する百数十の逸話を収める。

〆《しめ》口上

山に海に、村に野に、
神出鬼没のおさるの戦働《いくさばたら》き、
しかとご見聞いただけましたでしょうか。
この際、「見ざる、聞かざる、言わざる」は
脇へ措《お》き、

本書に記《しる》されたおさるの事《こと》どもを、
お知り合いの方々へ言い伝え、語り継いでいただきますれば、
望外の喜びに存じます。
恐惶謹言、あなかしこ、あなかしこ、
〆《しめ》の口上、
以《もっ》てこれぎり。

著者紹介

福井 栄一（ふくい えいいち）

上方文化評論家。四條畷学園大学看護学部客員教授。京都ノートルダム女子大学人間文化学部 非常勤講師。関西大学社会学部 非常勤講師。

大阪府吹田市出身。京都大学法学部卒。京都大学大学院法学研究科修了。法学修士。

日本の歴史・文化・芸能に関する講演を国内外の各地で行うほか、通算で26冊を超える研究書を出版している。剣道２段。

http://www7a.biglobe.ne.jp/~getsuei99/

おさるの大合戦　炎の十番勝負　　定価はカバーに表示してあります。

2015年12月1日　1版1刷発行　　ISBN978-4-7655-4249-4 C0039

著　者　福井栄一
発行者　長　滋彦
発行所　技報堂出版株式会社
〒101-0051　東京都千代田区神田神保町1-2-5
電　話　営　業（03）（5217）0885
　　　　編　集（03）（5217）0881
　　　　F A X（03）（5217）0886
振替口座　00140-4-10
http://gihodobooks.jp/

日本書籍出版協会会員
自然科学書協会会員
土木・建築書協会会員

Printed in Japan

装幀：田中邦直　イラスト：川名　京　印刷・製本：三美印刷